Gebete der Heiligen Hildegard

Gebete der Heiligen Hildegard

An den Fenstern des Glaubens

herausgegeben von
Walburga Storch OSB

Pattloch Verlag

Pattloch Verlag, Augsburg

Gesetzt aus ITC Garamond leicht von Fotosatz Völkl, Germering
Titelbild: Biblioteca Governativa di Lucca
Gesamtherstellung: Appl, Wemding
Printed in Germany
ISBN 3-629-00566-7

Vorwort

Dem Wunsch des Verlags, Gebete der heiligen Hildegard von Bingen zusammenzustellen, kam ich gerne nach, sprechen uns doch gerade diese Texte in ihren großen theologischen Werken besonders an. Sie offenbaren in ihrer Aufrichtigkeit und der schlichten, elementaren Art das Herz der Heiligen und spiegeln die inneren Stationen des Menschen auf seinem Pilgerweg von Gott zu Gott.

Jeder Mensch hat seine eigene Geschichte, sein Leben ist ein ständiges Auf und Ab durch Licht und Dunkel, Glück und Leid. Dem suchte ich durch die entsprechende Reihenfolge der Gebetstexte Ausdruck zu verleihen. Die kurzen, von mir verfaßten Überschriften zeigen jeweils das Thema an.

»Bis orat qui cantat« – Wer singt, betet doppelt, sagt schon der hl. Augustinus.

Unsere Schwester Priorin Cäcilia Bonn, riet mir, einen Teil der anspruchsvollen Lieder Hildegards in dieses Büchlein aufzunehmen. Sie hat sich schon länger als ich mit unserer großen Patronin und ihrem Werk befaßt, und ich verdanke ihr hilfreiche Anregungen und Unterstützung bei der sprachlichen Gestaltung der »gesungenen Gebete«. Möge ihre gelungene Einführung zu diesem Gebetbuch viele Menschen an die »Fenster des Glaubens« locken!

Die »Prophetissa Teutonica« aber erweise sich als machtvolle Fürsprecherin für ihr Vaterland.

Benediktinerinnenabtei
St. Hildegard, Rüdesheim/Eibingen
am Fest der Erscheinung des Herrn 1991

Sr. Walburga Storch OSB

»Wie kann ich jemandem,
der stumm an mir vorbeiläuft,
Geschenke geben?«

Hildegard von Bingen

Einführung in die Gedankenwelt der Gebete Hildegards von Bingen

Im Gespräch des Herzens mit Gott zeigt der Mensch am tiefsten und vollkommen unverstellt sein Gesicht. Hier ist er ganz er selbst und sagt aus, wer er wirklich ist. Darum gehen wir auch immer wieder auf die Suche nach den Gebetsworten der Heiligen. In ihnen zeigt sich ihr wahres Antlitz, in ihnen begegnen wir der Herzmitte ihrer Person. Die Gebete der Heiligen können auch dem oftmals sprachlos gewordenen Menschen unserer Zeit eine Hilfe sein. Sie ermutigen uns, die immer neu empfundene Sprachlosigkeit des eigenen Herzens zu überwinden, und können uns zeigen, wo wir uns auf dem Weg zu unserem Pilgerziel befinden.

Hildegard von Bingen (1098–1179) hat uns kein Gebetbuch im eigentlichen Sinne, keine »Geschichte einer Seele« hinterlassen. Insofern unterscheidet sie sich z. B. von den großen Frauen des Zisterzienserordens, der hl. Gertrud der Großen und den beiden Mechthild von Magdeburg bzw. Hackeborn, die nur ein halbes Jahrhundert später die Hochblüte der mit-

telalterlichen Mystik ausmachen und eine neue Innigkeit des deutschen Gemütes, der bräutlichen Minne und der Glut göttlicher Gegenwart zum Ausdruck bringen.
Hildegard, die sich selbst immer wieder als *Posaune Gottes* bezeichnet, ist zuerst und vor allem Prophetin, eine Berufung, die sie selbst wie ein Gewicht, das auf ihr lastet, empfindet. Der sich ihr offenbarende Gott zeigt sich ihr nicht, um sie im mystischen Einswerden an sich zu ziehen, sondern um auf die hörende Menschheit zuzugehen. So steht zwar zu Beginn jeder ihrer Visionen das ganz persönliche ›Ich‹, doch dieses ist wie eine Tür, durch die ein anderer hereintritt: Gott. Hildegard wird in den Dienst genommen für die Kundgabe des Heiles, das vom Urgrund des göttlichen Planes her das ganze Menschengeschlecht und die ganze Schöpfung meint und umfaßt.

Dialog zwischen Gott und Mensch

In den mystischen Schriften Hildegards, aus denen die Gebete, Lieder und Texte dieser Sammlung entnommen sind, geht es nicht um einen exklusiven Dialog zwischen Gott und der Seele. Vielmehr wird hier ein Mensch angesprochen, der durch seine Leiblichkeit in unauflöslichem Verbund mit der ganzen Schöpfung steht und damit zum Inbegriff alles Erschaffenen wird. In dieser seiner Schlüsselstellung zwischen Vertikale und Horizontale hat der Mensch nicht nur den Auftrag, auf das von Gott mit ihm begonnene Gespräch zu antworten, sondern muß dieses auch verantwortlich mit aller Kreatur führen. Will der Mensch sein Menschsein wahrhaft verwirklichen, dann muß er sich – so die rheinische Prophetin – in den Strom dieses umfassenden Gespräches begeben. *Laßt uns also ein Gespräch miteinander führen,* d. h. wir werden eingeladen zu beten. Gebet wird so zum Dialog auf allen Ebenen: Dialog zwischen Schöpfer und Geschöpf, zwischen Mensch und Mensch, Mensch und Natur, Individuum und Geschichte, Leib und Seele, Lastern und Tugenden.

Der je neue und niemals einholbare Gesprächsstoff dabei ist die Liebe. Der Dialog zwischen Gott und Mensch entspringt der Liebe des Schöpfers zu seinem Geschöpf wie auch des Geschöpfes zu seinem Schöpfer. *Darum ist alles Gehorchen der Kreatur nur ein Verlangen nach dem Kuß des Schöpfers, der der Welt alles schenkte, was sie brauchte.*

Gott zeigt sich dem Menschen, der gläubig zu ihm aufschaut, dabei *wie durch ein Fenster.* Wir brauchen diesen Auf- und Ausblick in die Transzendenz, wollen wir die Chiffren der Schöpfung und unseres eigenen Daseins richtig deuten und ihren Sinn verstehen. Glauben heißt für Hildegard: Irdisches und Himmlisches nicht länger voneinander trennen. Hat doch *jede Kreatur eine sichtbare und eine unsichtbare Komponente. Die sichtbare ist schwach, die unsichtbare stark und vital.* Zu jedem Stück Diesseits gehört ein Stück Jenseits. Der Glaube sprengt die Wand einer in sich geschlossenen und verschlossenen Welt und öffnet das Fenster in den göttlichen Bereich. Beten heißt darum, an den Fenstern des Glaubens bleiben, schauen, vernehmen, antworten und verantworten.

Der erste Teil der hier vorgelegten Gebetsworte der hl. Hildegard enthält Texte, die nicht eigens als Gebete konzipiert und verfaßt wurden, sondern sich aus dem Fluß ihrer Schau ergaben. Freilich stellen sie gerade deshalb an den Betrachter eine nicht geringe Anforderung, da der große Zusammenhang, aus dem sie entnommen wurden, nicht immer sichtbar wird und Gott als Dialogpartner nicht zu Worte kommt. Doch ist zu hoffen, daß sie gerade dem heutigen Menschen mit seiner eigenartigen Sprachlosigkeit dem Himmel gegenüber eine Hilfe werden, weil sie jedes »fromme Vielgerede« vermeiden und das Urgestein menschlichen Herzens freilegen.

Staunen, Lob und Anbetung

Im zweiten Teil der Sammlung hat die Herausgeberin aus den 76 geistlichen Liedkompositionen der »rheinischen Prophetin« 26 Dichtungen ausgewählt. Sie unterscheiden sich wesentlich von den vorhergehenden Gebeten, denn sie wurden von Hildegard textlich und musikalisch kunstvoll durchkomponiert und in die Liturgie übernommen. Wer die stürmische, dynamische und emotionale Notation dieser Gesänge kennt, spürt das gotische Stilgefühl, das hier waltet. Auch die Texte sind aus der Glut ihrer Schau geboren und binden sich kaum an Rhythmus und Metrum. Sie sind Ausdruck des Staunens, des Lobes und der Anbetung. In ihnen verdichtet sich das Geschaute, kristallisiert sich die Erfahrung der *Mitwisserin Gottes* mit Gott und der Welt.
Um dem Leser, der dieses Buch zur Hand nimmt, eine Hilfe zum Aufschlüsseln und tieferen Erfassen der Gebetssprache Hildegards zu geben, sollen nun einige Schwerpunkte der Hildegardianischen Spiritualität angesprochen werden.

Das Mysterium des Anfangs

In den Werken der Heiligen findet sich noch kaum eine Andeutung der damals beginnenden Herz-Jesu- und Passionsmystik. Hildegards Blick richtet sich auf das Herz des Vaters und Schöpfers, das ihr der *Leuchtende auf dem Thron* selbst zeigt und eröffnet. Die *äußerste Güte des Vaters* ist Brennpunkt allen dramatischen Geschehens zwischen Gott, Mensch und Welt. Dort ist der Mensch beheimatet, zu Hause. Wie ein kleiner, herzförmiger und verschmutzter Klumpen Lehm ruht er im Herzen des Vaters, der ihn liebevoll reinigt, umsorgt und schmückt. Aus dem Herzen unseres Schöpfers sind wir mit seiner Umarmung und seinem Kuß in unsere Existenz gesetzt. Von diesem *Mysterium des Anfangs* her ist in jedem Menschen *der Urtrieb zur Umarmung und zum Kuß, ohne den er verdorren würde.* Im Grunde unseres Herzens werden wir darum die Erinnerung an unsere Abkunft, die zugleich unser Endziel ist, nicht mehr los. Denn in seiner äußersten Güte ist Gott uns bei der Erschaffung zur Mutter geworden. Christus aber wurde in seiner Menschwerdung unser Bruder, weil er an der gleichen *Mutterbrust* (des Vaters) die Nahrung des Lebens empfangen hat.

Nichts ist dem Menschen also *süßer,* als zum Schöpfer des Alls zu eilen. *Ich will dir folgen, weil du mein Erschaffer bist.* Das Geschöpf weiß sich aus ihm erwachsen und von ihm berührt. Seinerseits darf es seinen Gott sehen, erkennen, berühren und verkosten und in seinem Schoß zur Ruhe kommen. Der mit den Worten der hl. Hildegard Betende ist sich also seiner Würde als Geschöpf bewußt. Zwar vermag er nichts Gutes aus sich selbst, aber im bittenden Aufblick zu Gott steht ihm alle schöpferische Kraft seines Herrn zur Verfügung. Hildegard schaut, was dem Blick der Engel vorbehalten ist, die von Auge zu Auge sehen, wie das Herz des Vaters seine innerste Kraft ausatmet: eine göttliche Dynamik (virtutes), die aufbaut, heilt und alles Tödliche und Chaotische abwehrt. Diese Kraft wird im Menschen zur Tugend. Sie macht ihn tauglich für sein Werk an der Welt. So wird er Mitwirker Gottes, ja in einem gewissen Sinne selbst Schöpfer. Im bittenden Anruf an seinen Schöpfer findet das Geschöpf zu sich selbst und weiß sich ausgerüstet für seinen Auftrag. Es wirkt fast wie eine Definition des Menschen, wenn Hildegard schreibt: *Der geschaffene Mensch ist wie ein Ruf, ein Schrei, eine Stimme. O wie erbärmlich und zugleich wunderbar ist diese Stimme, weil Gott solche gebrechlichen Gefäße mit all seinen Wundern unter die Sterne versetzt.*

Die Gebrochenheit des Menschen

Auge in Auge mit seinem Gott erkennt der Mensch aber nicht nur seine Würde, er nimmt gleichermaßen auch mit tiefem Erschrecken das abgründige Elend seiner Gebrochenheit wahr, denn *er hat seinen Schöpfer vergessen.* Hildegard bekennt: *Wie Asche und Aschenkot bin ich vor mir im Grunde meiner Seele und wie verwehender Staub. Ich bin nicht wert, Mensch zu heißen. Groß ist meine Furcht.* Und noch in hohem Alter richtet sie an ihren Sekretär Wibert von Gembloux die Bitte: *Bete, daß ich nicht falle, denn selbst Petrus hielt nicht stand.*

Wie ein Fremdling, aus dem Erbe vertrieben, heimatlos und bar aller Freude – in Gefangenschaft und Ketten –, erlebt sich der sündige Mensch. Denn er hat nicht nur gegen seinen Herrn gefehlt, sondern er entfremdet zugleich Gottes Schöpfung in seiner eigenen Existenz und löscht damit sein eigenes Antlitz aus. In immer neuen Bildern kommt in den Gebeten der hl. Hildegard dieses Elend der Sündenverfallenheit zur Sprache, deren Wurzel die Gottvergessenheit und das böse Verstummen ist. *Ich schaue auf meine Wunden.* Würde und Elend des Menschen. Wie können wir damit leben, ohne das eine an das andere zu verraten oder beständig hin und her gerissen zu werden: Sowohl Sünder als auch Gerechtfertigter? Wie können wir das Kunststück unseres christlichen Lebens meistern und beides miteinander verbinden? Angesichts dieser Frage schlägt Hildegard den stärksten und schönsten Ton ihrer Spiritualität an, wenn sie von der alles vermögenden Kraft der Reue spricht. Ihre Werke sind zutiefst durchdrungen vom Bild des zum Vater heimkehrenden Sohnes. Da auch in den Gebeten das Thema der Reue und des Seufzens einen breiten Raum einnimmt, muß an dieser Stelle etwas ausführlicher davon gesprochen werden.

Die schöpferische Kraft der Reue

Der Leuchtende auf dem Berg ist für Hildegard beständig am Werk, den schmutzigen Lehm, die eiternden Wunden und gebrochenen Glieder der Sünder in Perlen und kostbares Edelgestein zu verwandeln. Er taucht sie in das Licht seiner äußersten Güte. Das geschieht in der Kraft des Blutes seines Sohnes, der die Verirrten in seinen eigenen Wunden zum Vater zurückholen möchte. Doch dies vollzieht sich nicht ohne den Menschen. Hildegard beschreibt es als ein den Himmel und die Erde bewegendes Ereignis, wenn ein Mensch auf seinem Irrweg einhält, sich seines Schöpfers erinnert, zu ihm aufschaut und zu sprechen beginnt: *Ich will mich aufmachen und zu meinem Vater zurückkehren.* Am Anfang der Umkehr steht also, daß der Mensch seiner Wunden ansichtig wird und sie nicht mehr versteckt und leugnet. *Ich suche die Wunden deines Herzens,* spricht der Menschensohn, *zeige mir die Wunden deines Herzens.* Auf das Vorzeigen unserer Wunden antwortet der Sohn Gottes mit dem Vorzeigen seiner eigenen Wunden. *Ich will in deinen Wunden mit dir leiden und dir darin Gemeinschaft mit dem Vater schenken.*

Dabei geschieht unter der Berührung durch die Gnade der entscheidende Schritt von seiten des Sünders selbst. Er wendet sich von sich selbst ab, erwacht wie aus dem Schlaf, erhebt sich mit Eifer unter der antreibenden Kraft der Reue und eilt zum Vater zurück. *Darum werde ich ihn sogleich bedingungslos aufnehmen und ihn in die Freiheit entlassen.* In der Umarmung Gottes, im Mysterium seines Ursprungs, kommt der Mensch zu sich, entrinnt er der Knechtschaft der Sünde und gesundet, nicht weil er sich selbst mit seinem Schatten auseinandergesetzt oder gar selbst geheilt hätte, sondern weil er zu Gott gelaufen ist. In diesem Schritt auf Gott hin liegt für Hildegard der wichtigste Moment des geistlichen Lebens. *Ich will bei denen sein, die mich in der wahren Buße begreifen. In ihnen vermähle ich mich sogar mit dem menschlichen Dreck, denn ich will ihn reinigen.*

Reue ist für Hildegard also die Medizin schlechthin, nicht nur für die Seele, sondern auch für den Leib. Ohne sie kann jede Heilkunst nur Symptombekämpfung leisten. Weit davon entfernt, den Menschen mit Schuldgefühlen zuzudecken, befreit gerade die Reue ihn von der Herrschaft der Angst. Die Reue hat aber nicht nur heilende Kraft, auf ihr ruhen auch die Stützen des ganzen Weltenbaues: Sie greift bewegend und verändernd in die Lebensprozesse der Geschichte und des Kosmos ein, mit ihr *berühren wir die Sterne.* In ihr holt Gott seine vom Menschen vergiftete Schöpfung heim.

Aufseufzen zu Gott

In diesem Zusammenhang muß noch ein anderes Wort bedacht werden, dessen Sinn uns heute wohl ganz abhanden gekommen ist, das aber bei Hildegard eine wichtige Rolle spielt: der geistliche Seufzer. Die Erinnerung an Gott, an unsere Heimat in ihm, und zugleich der Blick auf unsere Wunden lösen einen bohrenden doppelten Schmerz aus: die Sehnsucht nach Gott und die Erfahrung der eigenen Ohnmacht. Dieser quälende Schmerz fährt im Seufzer heraus und reißt den Menschen von sich selbst weg hin zu Gott. Ein wichtiger leibseelischer Vorgang also, der jeder Verdrängung entgegenwirkt. *Leib und Seele schließen ein Bündnis und fahren gemeinsam im Seufzer aus. Das ist der Himmel: mich in rechten Seufzern der Sehnsucht zu erheben. In meinem Aufseufzen schaue ich Gott.* Einen Seufzer kann man nicht »machen«, wohl aber kann man sich auf ihn disponieren.

Das achte Kapitel des Römerbriefes schenkt uns eine Theologie des Seufzens. Paulus beschreibt, daß die gesamte Natur seufzt und in Geburtswehen liegt. Ebenso seufzt der Mensch in der Erwartung seiner Erlösung. Da wir aber nicht wissen, wie wir recht beten sollen, tritt der Geist selbst mit unaussprechlichen Seufzern für uns ein und ruft darin nach dem Vater (Röm 8, 22–26). Es ist also Gott selbst in uns, der uns antreibt zu seufzen. Hildegard kann deshalb kategorisch erklären: *Wer das Aufseufzen des Geistes nicht hat, der will nicht glauben.* Das heißt, der will sich nicht ganzheitlich einlassen, der will Gott nicht in sein Fleisch fahren lassen. Im Seufzer berühren wir das Herz Gottes – wie ein Kind, das nach einer schweren Schmerzerfahrung sich auf den Schoß des Vaters oder der Mutter wirft und sich bei ihnen birgt.

Den möglichen Einwand »Wenn ich aber nicht aufseufzen kann, dann ist das eben so« weist Hildegard zurück: *Ihr verbietet eurer Seele das Weinen und Seufzen und hindert sie, bei mir Hilfe zu suchen. Wie kann ich aber jemandem antworten, dessen Stimme ich nicht höre? Ihr seufzt nicht mehr zu mir, deshalb verlangt ihr auch nichts von mir. Wer nicht in Sehnsucht zu mir aufseufzt, der hat mich vergessen.*

Werke der Tugend

Die Reue ist für Hildegard bereits das erste der sogenannten guten Werke. Entscheidet sich der Mensch am Kreuzweg seines Lebens je neu in Freiheit dazu, den Heimweg zu seinem Schöpfer anzutreten, dann läuft er den Weg der Gebote Gottes, *wie der Hirsch zur Quelle eilt.* Gebote sind für ihn dann keine Gesetzesvorschriften, kein aszetischer Imperativ mehr, vielmehr empfindet er Freude daran, er kann sie *verkosten.* Im guten Wirken, im Werk der Tugend, wird er zum Mitarbeiter Gottes. Die Kraft dazu kommt aus dem Herzen des Schöpfers gleichsam wie eine Braut auf ihn zu und lädt ihn zu liebender Vereinigung ein, deren Frucht das Werk der Tugend ist. Darin verherrlicht er Gott, kommt zu sich selbst und darf diese und die kommende Welt aufbauen. Entschiedenheit ist also von ihm gefordert: Er ist Existenz am Scheideweg zwischen Gut und Böse. Versagt er im Guten, dann gibt es für ihn nur eine Alternative: den Weg der Reue. Alles andere gehört dem Bereich des Todes an.

Vielleicht könnten einige Formulierungen der hl. Hildegard zu diesem Thema den Eindruck von Leibfeindlichkeit erwecken, geht es doch bei der Entscheidung für das Gute für sie um einen beständigen Kampf gegen das Begehren und die Lust des Fleisches. Mit dem Wort Fleisch bezeichnet Hildegard jedoch ganz im biblischen Sinn die gottesflüchtige und zum Bösen neigende Tendenz der gefallenen Natur des Menschen. Davon setzt sie klar eine positive Spiritualität der Leiblichkeit ab, die für ihre Zeit revolutionär war. *Wie es sich für den Schöpfer gebührt, hast du mich mit reinem Fleisch bekleidet ... hast erweitert deines Gewandes Saum und mit dem Gürtel des Lobes gegürtet ... Die Seele kann nichts ohne den Leib wirken, sie braucht ihn, um sich angemessen auszudrücken, ja es ist ihr eine Lust, im Leib zu wirken.* Seele und Leib sind also keine Rivalen, die einander bekämpfen, sondern sie sind geborene Partner. Ihr Zusammenwirken ist freilich nicht ohne Konflikte, aber gerade deshalb müssen beide im Gespräch miteinander bleiben und sich wie Liebende umsorgen, damit das Werk für Gott zustande kommt. *Der Duft der guten Werke entströmt dem Leib,* denn der Mensch ist ganz und gar immer Leiblichkeit.

Im Haus der Herrlichkeit

Die im zweiten Teil der Sammlung aufgeführten 26 Lieder gehören ohne Zweifel zu den dichtesten Texten der Werke Hildegards. In ihnen läßt sie all ihr Reden und Beten in Staunen, Lobpreisung und Anbetung einmünden. In der goldenen Stadt jenseits des Fensters erkennt sie das vollendete Bauwerk der äußersten Güte des Vaters, für das die Glaubenden im diesseitigen Leben die Steine zuzurichten und herbeizutragen haben. Die goldene Stadt, das Haus der Herrlichkeit ihres Herrn, wird ihr zur Heimat, zur Mutter Sion, nach der sie ruft. Sie sehnt sich nach dem Klang der endgültigen Harmonie aller Dinge in der Gemeinschaft mit den Chören der Engel.
Darum das sich oft wiederholende »O« in ihren geistlichen Gesängen. Darum auch die großen Intervallsprünge in der Notation, die die nüchterne Diszipliniertheit und beschauliche Ruhe des klassischen gregorianischen Chorals sprengen. Und doch mündet die gedrängte Fülle der Inhalte auch hier wieder in die klare Objektivität ihrer Schau.

Maria, Urbild von Schöpfung und Kirche

Im Schnittpunkt von Himmel und Erde, von Gott und Mensch, begegnet Hildegard in ihren Liedern immer wieder Maria, die die Liturgie der Kirche als »Fenster zum Himmel« besingt. Die elf hier präsentierten Dichtungen, die sich an sie wenden, gehören zu den kostbarsten Perlen des Marienlobes. Augenzeugen berichten in den Heiligsprechungsakten der hl. Hildegard,

die Liebe zu Maria habe sie wie ein Lichtglanz umgeben, wenn sie mit ihren Schwestern in den Kreuzgängen des Klosters sang.
Eine Fülle von Bildern leuchtet in diesen Gesängen auf. Man muß sie einfach auf sich wirken lassen. Doch einige Wegweiser mögen helfen, Maria in diesen Liedern auch heute wieder neu zu entdecken.
Dichtend betreibt Hildegard hier Theologie. Die Gestalt der Mutter des Herrn erhält bei ihr vornehmlich kosmische Züge. Der Schöpfer der Welt *schaut vor aller Kreatur ins Antlitz der Schönsten aller Frauen, so wie der Adler in die Sonne schaut.* Ein kühnes Bild. Wie in einem Spiegel erkennt der Schöpfer in Maria das unverfälschte und unverdorbene Konzept seines großen Planes. So wird sie zur *Umarmung alles Geschaffenen.*
Hildegard legt deshalb die Weisheitstexte des Alten Testaments auf Maria hin aus: *Der Herr hat mich geschaffen am Anfang seiner Wege, vor seinen Werken in der Urzeit. In frühester Zeit wurde ich gebildet, am Anfang, beim Ursprung der Erde. Als die Urmeere noch nicht waren, wurde ich geboren, als es die Quellen noch nicht gab, die wasserreichen ... Als er den Himmel baute, war ich dabei, als er den Erdkreis abmaß über den Wassern ... Ich war seine Freude Tag für Tag und spielte vor ihm allzeit ... (Spr. 8, 22 ff.).*
Maria ist die Morgenröte, der leuchtende Urstoff, goldener Urgrund der Welt in ihrem Erfüllt- und Durchdrungensein von Gott. Als die zweite Eva wird sie Gehilfin aus der Seite und an der Seite des Sohnes Gottes. Sie wird Mutter der Lebendigen und Urheberin des Lebens. Hildegard setzt sich allerdings in aller Klarheit von jeder Art sentimentalen oder archaischen Kultes einer Urmutter ab. Sie beschreibt Marias Einzigartigkeit im unversehrten Sein urbildlicher Jungfräulichkeit, die nichts mit aszetischer Leistung zu tun hat, son-

dern ganzheitliches Sein aus Gnade ist. *Deine Keuschheit ist Herrlichkeit aus Gott, heile Schöpfung.*
Immer wieder bleibt der Blick der Dichterin und Sängerin auf dem Leib, dem fruchttragenden Schoß der Jungfrau haften. Das unaussprechliche Geheimnis, das gewaltige Geschehen der Menschwerdung, zieht sie in Bann. Gott hat schon am ersten Schöpfungstag dem Schoß Mariens nicht nur seinen einzigen ewigen Sohn anvertraut, sondern auch sein Heilswerk, die Kirche. Dort sammelt Maria die *Glieder am schönen Leib ihres Sohnes* zur Einheit. Im Schoß der Jungfrau erklingt darum für Hildegard bereits die vollendete Symphonie des Himmels.
Maria ist aber nicht nur leuchtender, goldener Urstoff der Schöpfung, sie ist auch Urschoß aller Heiligkeit, wird Erbauerin des Lebens, lebensspendendes Werkzeug. Sie spiegelt wider, auf welche Weise die Gnade die Natur zu vollenden vermag. In einer Reihe von Bildern wird dabei das Mysterium der Kirche sichtbar. Maria und die Kirche sind miteinander verbunden, ineinandergeschaut. Maria ist Kirche in Person. Die Bilder bleiben nach beiden Seiten hin offen. Die Mutter Sion kann gleichermaßen Maria, aber auch die Kirche und letztendlich die mütterliche Liebe Gottes sein.
Als die ganz und gar Heile ist Maria auch Mutter der Heilkunst, ja sie selbst ist das lindernde Heilmittel für die Wunden unserer Gebrochenheit nach dem Fall Evas. Doch sie zeigt uns auch auf andere Weise ihr mütterliches Erbarmen. Als die ganz und immer vom Heiligen Geist Erfüllte tritt sie als Prophetin auf unseren Weg und ruft uns je neu mit lauter Stimme heraus aus dem Verderben. In der Kraft des Heiligen Geistes, der Maria beständig überschattet und fruchtbar sein läßt, wird sie zur Retterin des ganzen Menschenge-

schlechts. Der Heilige Geist ist für sie die *Dynamik des Alls und Wurzel der Schöpfung.*

Der Heilige Geist als Lebens-Kraft

Wer ist der Heilige Geist Gottes? Hildegard gibt uns in zwei Gesängen Antwort auf diese Frage. Sie nennt ihn den Lebendigen, den innersten Impuls und die bewegende Kraft jeden Lebens. Er ist das *Leben des Lebens.* Leben hat für Hildegard eine ganzheitliche Bedeutung. Es meint zunächst konkret die Schöpfung. *Durch dich wogen die Wolken und fliegen die Lüfte, träufeln die Steine, bringen die Quellen die Bäche hervor, läßt sprossen die Erde das Grün.* Die ganze Schöpfung in all ihren Vorgängen hat es mit dem lebengebenden Geist Gottes zu tun. Überall, wo wir mit dem Leben in Berührung kommen, können wir seine Kraft erfahren, werden wir von Gott bewegt. *Du Leben des Lebens aller Geschöpfe, du belebst die Gebilde.*
Leben ist aber auch Weisheit und Einsicht. König Salomon zog die Gabe der Weisheit allem Reichtum und jedweder Macht vor. *Immer bringst du Menschen voll Einsicht hervor, beglückt durch den Hauch der Weisheit.* In der Weisheit und Einsicht wird der Mensch offen und fähig, die lebenzeugende Kraft aus dem Herzen Gottes aufzunehmen und mit ihr an der Welt zu wirken. Der Heilige Geist treibt dazu an, er durchweht unser Wirken und gibt sich uns dabei zu verkosten. »Süßigkeit« nennen die geistlichen Lehrer und Mystiker das Unaussprechbare, das wir empfinden, wenn der Atem Gottes uns erreicht und uns zur Liebe lockt. Heilig ist der Geist Gottes. Durch ihn *erglüht und entbrennt das All.* Er treibt und bewegt den Menschen zu

guten Werken mit der ihm eigenen *feurigen Kraft,* durch die der Mensch bauen und heilen kann, mit der er alles, was sich dem Leben entgegenstellt, überwinden kann. Der Heilige Geist ist reines Quellwasser und Spiegel, in dem wir schauen dürfen, wie Gott mit dem Sünder und seiner Gebrochenheit umgeht. *Du salbst die gefährlich Verletzten, du reinigst die schwärenden Wunden.* Hier ist Hildegard wieder bei ihrem Lieblingsthema, der Reue. *Aufgerichtet hast du einen anderen Turm unter den Zöllnern und öffentlichen Sündern, die dir ihre Sünde und Werke bekennen. Darum preist dich jegliche Kreatur, weil du die kostbare Salbe bist für alles Gebrochene und die eiternden Wunden, die du in kostbare Perlen verwandelst.*

Die Heiligkeit des Geistes Gottes wird hier im Geheimnis des abgrundtiefen Erbarmens besungen. Wahrlich, die *göttliche Kraft will retten.* Der Rettungsplan ist aber zugleich ein Plan der Einigung: *Du Hoffnung der Glieder auf Einheit.* Dem modernen Menschen ist demgegenüber vieles auseinandergebrochen. Er selbst ist aus dem Beziehungsgefüge herausgefallen und hat es fertiggebracht, alles voneinander zu trennen. Gottes Geist aber will sammeln und in die Einheit binden. *Du mächtiger Weg, der alles durchzieht ..., du fügst und schließest alles in eins.* Der Heilige Geist ist Garant der menschlichen Würde und der Freude am Leben. Er ist der Klang und die Stimme unseres Lobes.

Vollendung in Christus

All unser Beten hat seinen Ursprung und sein Endziel im Dialog des Gottessohnes mit dem Vater. Dort – vor aller Zeit – existiert das ununterbrochene Gespräch,

zu dem wir eingeladen werden. Unser armseliges und zaghaftes Reden mit dem Himmel wird davon getragen, bleibt davon umfangen und mündet dorthin. So steht denn zu Recht am Ende der vorliegenden Sammlung das bewegende Wort des Sohnes an den Vater, das Hildegard abschließend zum Höhepunkt ihres Hauptwerkes »Welt und Mensch« und ihres kleinen Dramas »Spiel der Kräfte« macht. Beschwörend zeigt der Sohn dem Vater seine Wunden, die offen bleiben, solange ein Mensch noch auf dieser Erde sündigt. Christus weist die Stigmata nicht nur als Zeichen seiner Menschwerdung vor; sie sind der tiefste Ausdruck seiner Solidarität mit uns Sündern, ja mit der gesamten hinwelkenden Schöpfung.
Am Anfang grünten alle Geschöpfe ... dann aber verdorrte die Lebenskraft. Gedenke, o Vater, des Ursprungs Hoffnung hätte nicht welken sollen. Vater, ich bin dein Sohn, betrachte diese Wunden ... erbarme dich! Durch das Blut meiner Wunden hole ich die Menschen wieder in der Reue zurück zu dir.
Die großen Themen der Schau Hildegards werden in diesem letzten Gebet noch einmal angeschlagen: der Verfall und die Wiederherstellung der Schöpfung, die Heilung des sündigen Menschen durch das Vorzeigen seiner Verwundung und die erlösende Vereinigung mit den Wunden des Herrn. Das Gebet schließt mit dem prophetischen Aufruf, anbetend vor dem Schöpfer und Vater das Knie zu beugen, auf daß er seine helfende Hand reiche, um sein geliebtes Werk im Menschen zu vollenden.
Der Leser dieses Buches ist eingeladen, sich mit seinem Herzen auf diese Gebetsworte der heiligen Hildegard einzulassen. Mit ihnen hinterließ uns eine der größten christlichen Frauengestalten vor nunmehr fast 900 Jahren ein bewegendes Zeugnis lebendigen Glau-

bens. Das kleine Werk hätte seinen Sinn erfüllt, wenn auch nur ein Text im Herzen des Betrachters das Gespräch mit Gott eröffnen könnte und ihm – Gott gebe es – dabei ein Seufzer entführe.

Sr. Caecilia Bonn OSB

Die *kursiv* gedruckten Textteile dieser Einführung sind Originalzitate aus den Schriften der hl. Hildegard von Bingen.

Gebetsworte

Schmerzliche Pilgerschaft

Ich irre umher im Schatten des Todes
als Pilger im fremden Land;
mein Trost ist das Ziel der Wanderschaft.

Gefährtin der Engel sollte ich sein,
dein lebendiger Hauch, o Gott, im Lehm.
Müßt' ich dich nicht erkennen und spüren?

Weh mir, mein Zelt hat nach Norden
das Auge des Leibes gerichtet!
Gefangen wurde ich dort und – ach! –
des Lichtes beraubt und der Freude am Wissen,
mein ganzes Gewand ward zerrissen!
Aus meinem Erbe vertrieben
führte man mich in die Knechtschaft.

Wo bin ich, wie kam ich hierher?
Wer tröstet mich in der Gefangenschaft?
Wie kann ich diese Ketten zerreißen?
Wer schaut wohl nach meinen Wunden,
wer salbt sie mit Öl und erbarmt sich?

O Himmel, erhöre mein Rufen,
du Erde bebe vor Trauer mit mir!
Ein Fremdling bin ich ohn' Trost und Hilfe.

Verlassenheit

Wer tröstet mich, da meine Mutter
mich fernab vom Wege des Heiles verließ?
O Mutter Sion, sieh ich gedenke
der Freude im Haus deiner Herrlichkeit.
Wohin soll ich fliehen?
Unsagbar mein Schmerz;
Wo bist du, o Mutter Sion?

Nur kurz nahm ich wahr deine Gegenwart
und hoffte auf Heimkehr;
verläßt du mich wieder?
Ich Unglückselige wich von dir ...
O hätte ich niemals dich gekannt,
mein Schmerz wäre leichter zu tragen.
Mit Tränen und Seufzern ruf ich nach dir,
wo bleibt deine Hilfe für mich?

Zweifel

O Gott, hast nicht du mich geschaffen?
Die elende Erde erdrückt mich!
So muß ich die Flucht ergreifen,
wie Adam vor dir mich verbergen.
Mein Sündenleben will nichts von dir wissen,
ich zweifle am Sinn der Gerechtigkeit,
der Kampf raubt mir all mein Glück.
Weiß ich, ob Gott überhaupt existiert?
Wo ist denn mein König und Gott?

Umkehr

Nach Osten will ich mich wenden,
beginnen, den engen Weg zu gehen.
Gott, du allein kannst mir helfen!
Nichts Gutes vermag ich ja ohne dich,
auf dich will ich schau'n,
du spendest mir Leben.
Laß deine Güte mich doch erfahren!

Zu dir will ich, selige Jungfrau, eilen,
ergreifen den starken Schild der Demut
und einstimmen in den Chor der Engel:
Ehre sei dir, o Herr!

Gottes Hilfe

Mein Gott, du hast mich geschaffen,
ich lebe durch dich und trachte nach dir,
wenn ich mit Seufzen das Gute erflehe.

Ich kenne dich ja als meinen Gott
und weiß nur, daß ich dir dienen darf,
denn du hast mir Einsicht gegeben.

O du mein Helfer bei allem Guten,
durch dich vollbringe ich gute Werke.
Auf dich will ich werfen all meine Hoffnung
und zieh als Gewand an deine Huld.

Mein Retter bist du, vor Frevel bewahr' mich,
wenn mein Gewissen mich mahnt,
das Böse zu lassen.

Weg zum Licht

Zwei Augen hast du, o Gott, mir gegeben,
im Dunkeln ein herrliches Licht zu schauen,
zu wählen den Weg, den ich gehen soll.
Bin ich nun sehend oder auch blind,
ich weiß, daß ich einen Führer brauche
zum Tage hin und auch zu der Nacht.

Wenn ich mich nämlich im Finstern verberge,
kann ich ganz mutwillig handeln;
im Licht aber werde ich gesehen
und zieh' statt Belohnung mir Strafe zu,
wenn ich dasselbe tue.

Lebendiger Gott, ich rufe dich an,
führ' mich den Weg des Lichts
und heile meine bösen Geschwüre,
daß ich am Tag mich nicht schämen muß;
zerreiße meiner Gefangenschaft Stricke!

Göttliche Gebote

Im Fleisch, das dem Guten
nicht zustimmen will,
ersehne ich dich und erfahre dich.
O Herr, im Innern des Herzens
sinne ich nach über deine Gebote
gegen den Willen des Fleisches.

Wie die Mühle mit Hilfe des Wassers
das Korn zum Genusse zermahlt,
will ich alle deine Gebote
mitten im Sturzbach des Leibes
meiner schwachen Menschennatur
erforschen und eifrig erfüllen.

Unwürdigkeit

Im Innersten meiner Seele, Herr,
erkenne ich mich als Asche und Moder.
Einer zitternden Feder gleich
sitze ich ängstlich im Schatten.

Vertilge mich nicht wie einen Fremdling
aus dem Lande der Lebenden!
Töricht erscheint mir mein Verstand,
ich stelle mich an den niedrigsten Platz
und bin nicht würdig des Namens »Mensch«.

O guter und milder Vater du,
lehre mich deinen Willen!
Du ehrfurchtgebietender Vater,
verlasse mich nicht
und schenk' mir Erbarmen!

Gehorsam

Nach dem Geheiß deines Wortes
ertöne ich wie eine Zither.
Nur was von dir stammt, o Gott,
berühre, mag und erstrebe ich.

Denn von dir bin ich ausgegangen,
bin erwachsen aus dir
und will keinen anderen Gott.
Dir gehorchen, das gibt mir Halt.

Reue und Heimkehr

Vater, ich habe gesündigt
gegen den Himmel und gegen mich,
das himmlische Werk, das ich bin.
Von dir gebildet, berührt von dir,
hätte ich Himmlisches wirken müssen.
Doch weil ich zerstörte die Menschennatur,
sündigte ich auch vor dir.

Selbstverschuldet ist mein Verderben,
ich bin nicht mehr würdig,
dein Kind zu heißen,
weil ich deine Schöpfung in mir
ihrem von dir gesetzten Ziele
eigenmächtig entfremdet habe.

Tu nun mit mir wie mit deinem Knecht,
den du im Blut deines Sohnes
mit teurem Preise zurückgekauft!

In Adam verlor ich das Erbe der Kinder.
Jetzt aber soll die Reue
mich loskaufen von den Sünden
mit dem Blut deines Sohnes.

Gottes Werk

Freuen will ich mich, o mein Gott,
beschützt und verteidigt von dir,
daß ich befreit von der Last der Sünden.
Mit guten Werken dir nachzufolgen
sehnt sich nun meine Seele.
Aus tiefem Seufzen von dir gerufen,
gezogen von deiner Macht,
hast du mich sicher bei dir geborgen,
gerettet vor meinen Feinden.

Ich bin ja das Werk, das du hast geschaffen;
du hast es beschlossen vor aller Zeit,
daß du mich so gestalten wolltest
und die Schöpfung mir untertan sei.
Du schenktest mir damals die Fähigkeit,
mein Tun dem deinigen anzugleichen.
Und so gehöre ich dir allein.

Wie für den Schöpfer es sich gebührte,
hast du mit reinem Fleisch mich bekleidet,
erweitert deines Gewandes Saum
und mit dem Gürtel des Lobes umgürtet.
Wer mit dem Auge des Glaubens dich schaut,
dreifaltiger Gott, geht zugrunde nicht.

Unbeständigkeit

O allwissender Gott, der das Gute schuf,
ich zittere im Bewußtsein der Sünde.
In der Reue erkenn' ich mich zwar,
lasse sie aber nicht wirksam werden,
und es bleibt mir die Angst.

Auf den Pfaden des Eigenwillens
packt mich im Übermut doch die Furcht;
in meinen Sünden werde ich alt.
Obwohl sie mich ekeln, schmerzen und dauern,
laß ich sie nicht und fürchte mich –
kenn' ich sie doch nach Zahl und Art.

Nach Norden und Osten, nach Süd und West
dreht sich das Rad meines Lebens
in stetiger Unbeständigkeit.

Eins nur bleibt meine Zuversicht:
Der du den Himmel zerrissen
und mit Fleisch dich bekleidet hast,
wirst mich barmherzig durch Buße waschen
und mich zum Leben erwecken.

Wahre Furcht und Liebe

O Herr, um der Furcht willen
nennt man dich Herr,
und Gott um der Liebe willen;
und weil du kraftvoll alles umfängst,
wirst du allmächtig genannt.

Wahr und gerecht sind deine Gerichte,
denn alle Ängste vernichtet
die wahrhaftige Furcht vor dir,
und alles Lieben verbindet sich
mit der wahren Liebe zu dir.

Alle Gewalten beherrscht deine Macht.
Ich weiß, daß ich nichts gegen dich vermag
und finde in dir meinen Trost.

Gerechtigkeit und Erbarmen

O Herr, ich erkenne deine Güte:
Ich ward nicht getötet ob meiner Sünden,
du ließest mir meine Freiheit.
Im Kampf gegen mich vollbringe ich Gutes,
Böses aber wirkt die Begierde.

Du jedoch urteilst stets gerecht
und überschreitest nie das Maß.
Du schonst mich barmherzig in deiner Macht.

Ich demütige mich deshalb vor dir
und gebe die Ehre deinem Namen
um deiner Barmherzigkeit willen.

Gottsuche

Fürchten will ich dich,
Gott meinen Herrn;
wer wird mir helfen,
wenn vor dir ich stehe
und wer mich befreien
bei deinem schreckenerregenden Gericht?
Kein einziger, nur du selbst,
der gerechte Gott.
Dich will ich suchen
und immer mich zu dir flüchten.

Ich werde mich nicht beeinflussen lassen
von meinem verkehrten Eigenwillen.
Zurückkehren will ich zu dir, meinem Vater,
dem nicht gehorchen wollte der Teufel.

Glauben will ich an dich, meinen Herrn,
den Einen in drei Personen,
dich verherrlichen und verehren
und mein Vertrauen dir schenken.

In Ewigkeit trage ich deinen Namen im Herzen.

Klage der Seele im Leib

Ach, ach, du faulende Asche,
warum nur bin ich jemals in dich
hineingesenkt worden von meinem Gott,
in deine Bedürfnisse derart verstrickt,
daß ich auf teuflische Einflüsterung
böse Werke mit dir vollbringe?

Weh mir, ich bin nicht imstande,
mich zu enthalten von Sünden!
Als unrein erkenne ich meine Taten
vor Gott und den Menschen; warum nur
fürchte ich dich, meinen Gott, denn nicht,
der alle Sündenbefleckung
als Bosheit des Satans verurteilt?

Ach, ich vergaß dich, meinen Schöpfer,
da ich nicht vom Begehren des Fleisches
nach der Erkenntnis meiner Vernunft
abwich aus Furcht und Liebe zu dir!

Hilf mir jetzt, du mein Gott,
und führe mich durch dein Blut
heraus aus dem Abgrund meiner Sünden!
Zieh mich zu dir mit deiner Gnade,
daß ich zum Heil mich erheben kann.

Zurechtweisung

Mit deiner Geißel, o Herr der Welt,
hast du mich Sünder gezüchtigt,
doch gabst du nicht preis mich
der höllischen Pein.

Denn aus Liebe suchte ich dich,
bekannte dir meine Sünden.
Geduldig und weise verhielt ich mich,
da das Gericht über meine Schuld
ich als gerecht erkenne.

Mit meinen beiden Flügeln
der Erkenntnis des Guten und Bösen
will ich den Flug zu dir wagen,
und auf dem rechten Pfade wandeln.

Einsicht

Nichts ist süßer für mich, o mein Gott,
als zum Schöpfer des Alls zu eilen.
Was ich gelobt mit Herz und Mund,
will ich einlösen, wie ich versprach,
dir, meinem gerechten Richter.

Nach den Taten der Übertretung
will ich mich richten nach deinem Willen,
das Böse meiden und Gutes tun.

Vernunft und Einsicht brennen in mir,
fällen Entscheidung zu wahrer Zucht;
denn lieber kehr' ich zurück
zum lebendigen Gott,
als dem Teufel zu folgen
in törichtem Irrtum.

Im Namen der Kirche

Die Braut deines Sohnes sollte ich sein,
obwohl ich so schwach und gebrechlich bin.
Himmlischer Vater, ich flehe dich an:
Säume nicht länger mit deiner Hilfe!

Den Gliedern deines geliebten Sohnes
drohen Zerstreuung, Vernichtung.
Verteidige mich mit ihnen allen,
richte auf uns dein barmherziges Auge!

Wende dich doch ein wenig uns zu,
daß wir nicht ganz zugrunde gehen!

Klage

Ach, wir sind Fremdlinge!
Was haben wir getan?
Wir wichen ab vom Weg und sündigten.
Wir sollten Königstöchter sein,
doch in die Finsternis der Sünden
sind wir hinabgestürzt.

O trage uns, lebend'ge Sonne,
auf deinen Schultern zu dem Erbe,
das uns gebührt und das in Adam
wir haben eingebüßt.

O König du der Könige,
wir kämpfen deinen Kampf!

Weg und Ziel der Liebe

Lehre mich, Gott, im Heiligen Geist
deine Wege zu geh'n,
zu empfangen die Speise des Lebens,
die du den Gläubigen reichst
zur Erwählung und Heiligung.

In die höchste Glückseligkeit
nimm mich dann gütig auf,
laß mich ruhen in deinem Schoß.

Von Tugend zu Tugend

Ich folgte dir gläubig, o Gottessohn,
auf den Spuren der Wahrheit.
Durch deine Menschheit
hast du den Menschen erlöst.

O Lenker des Alls, geleite mich
zur Fülle all deiner Gaben,
daß ich – gerüstet mit deiner Kraft –
mit Zuversicht schreite
von Tugend zu Tugend.

Bin ich so auf dem richtigen Weg
und verlasse mich selbst,
koste ich von den Tugenden,
trinke und werde von ihnen gestärkt.

Der Gerechte, der Gott so liebt,
wird keinen Überdruß erfahren,
sondern beständige Seligkeit.

Iacob.
bethel.

Genügsamkeit

Über den Sternen throne ich,
weil mir deine Gaben genügen.
Ich freu' mich am süßen Ton der Pauken,
da ich auf dich vertraue.

Ich küsse die Sonne, umarme den Mond
und halte ihn fest; mir genügt,
was sie für mich ersprießen lassen.
Was sollte ich mehr noch wünschen,
dessen ich gar nicht bedarf?

Alles erweist mir Barmherzigkeit.
Im Haus meines Königs darf ich wohnen,
sitzen beim königlichen Mahl,
weil eine Königstochter ich bin.

Vertrauen im Unglück

Ach, ich unglückseliger Mensch,
einst ein lebendiger Hauch,
bin vom Gestank der Sünde umgeben;
ich kann nicht mehr froh zum Himmel blicken.

Woher bin ich – ach, ach – gekommen,
und wo gehe ich hin?
Was nützt mir das Gute, das Gott erschuf,
wenn ich zur Hölle fahre?

Doch will ich vertrauen auf dich, meinen Gott,
daß ich durch wahre Buße
von den verdienten höllischen Qualen
aus Erbarmen befreit werden kann.
Mich tröstet und stärkt deine Gnade.

Zerknirschung

Vater, dein Kind schreit zu dir,
denn du meinst es ja gut mit ihm
und es erkennt dich als Gott.

Vom Tau deines Segens trinke ich
und lächle dir zu aus zerknirschtem Herzen.
Noch unter Tränen freu' ich mich deiner
und rufe zu dir: Gott, komm mir zu Hilfe!

Mit Harfenklang antworten mir die Engel,
sie loben dich, wenn ich rufe.
Das Morgenrot deiner Gnade strahlt auf,
die Speise des Lebens reichst du mir,
weil ich dich bat um Stärkung.

Eucharistie

Wer ist es, der mir elendem Menschen
in meiner großen Bedrängnis
dich in der süßen Opfergabe
schenkt als der Kirche Bräutigam?
Ich nenne dich Bruder,
weil Mensch du geworden.
Du trinkst an der göttlichen Mutterbrust
Erbarmen und Wahrheit,
die Nahrung der Menschen.
Die Gottheit ist mir zur Mutter geworden,
als sie mich bildete, mich erweckte
und mir das Leben schenkte.
Voll Gnade ist die Nahrung der Kirche,
denn du, das lebendige Brot
und Quell des lebendigen Wassers,
gewährst ihr Fülle im Überfluß
im Sakrament deines Leibes und Blutes.
Um meines Heiles willen
bist du ein Mensch geworden.
Deines Leibes und Blutes
machst du mich nun teilhaftig,
daß kein Geschöpf mich ferner verachte,
da du um meinetwillen
in diese Welt gekommen bist
und dich mir ausgeliefert hast,
obwohl ich mich gegen deine Gebote
auflehnte und als Feind erwies.

So laß mich dich, Bruder, küssen,
Sohn Gottes und Mensch auf Erden.

Befreiung

Herr, Gott, in deiner erbarmenden Gnade
entreiße mich Sünder der Verderbnis,
daß ich dich nicht in Verhärtung verleugne.

Entreiße mich der Begierde des Fleisches,
damit meinem Leibe kraft der Gnade
der Duft guter Werke entströme.

Entreiß mich, o Gott, meinen unreinen Taten,
daß mich der Dorn der Vergessenheit
nicht ans Verderben hefte.

Laß mich mit gutem Gewissen
und in der Tugenden Wohlgeruch
zertreten den Schmutz mit den Füßen
meiner rechtschaffenen Werke.

Armselig sind meine Verdienste, o Gott,
handle an mir nach deiner Güte!

Rettung

Herr, deine Rechte hebe mich auf
durch Reue gereinigt, aus meinen Sünden.
Stärke du mein Verlangen,
in Gottesliebe zu brennen;
ich kann mich an ihr nicht ersättigen.

Wenn ich durch Reue auferstehe,
werde ich nicht in Sünden sterben,
sondern dem Tod entrissen,
werde ich ewig leben,
erzählen von deinen Wundertaten
und dich fürchten und lieben,
aus dem Verderben des Todes errettet.

Furcht des Herrn

Ehrfurchtsvoll stehe ich vor dir, o Gott.
Ich sehe die Schuld wie sie ist
und ich weiche nicht aus.

In Liebe seufze ich auf zu dir
und fürchte mich vor deinem Urteil.
Auf deinen Lohn aber freue ich mich!
Habe ich auch nicht selbst verdient,
teilzuhaben an himmlischen Freuden,
will ich doch frei von Schuld mich halten.

Du gibst mir vom Baum des Lebens zu essen,
weil du in mir gute Werke findest,
obwohl mich der Teufel sehr bedrängt.

Grundgelegt hast du in mir die heiligen Werke,
um dann bei mir zu zelten.
Laß auch mich wohnen in deinem Haus!

Gläubige Bitte

Ich glaube in Treue an dich, o Gott,
und vollbringe Werke im Glauben.
Mehre die Freude an jeglicher Tugend,
du meine Freude, o Herr der Welt!
In Glaube und Liebe will ich dir folgen,
denn mein Schöpfer bist du.

Du gibst mir, was gut ist,
es fehlt mir an nichts,
was ich erbitte und ersehne.
Der Glaube lehr' mich das rechte Bitten:
Nur was dir wohlgefällt, gib mir,
und Unvergängliches!

Seufze ich voller Not zu dir
für mich oder meinen Bruder,
laß mich mit heiligen, guten Werken
deine Liebe erlangen;
erfülle meine gerechten Wünsche!

IHS
XPs

Unter Gottes Schutz

O Gott, du verteidigst, die an dich glauben,
bewahre mich sicher im Schutz deiner Allmacht.
Ich berge mich unter deinen Flügeln,
verehre dich dankbar und bete dich an.
Zu einem Gott, der mich täuscht und nicht kennt,
schaue ich niemals auf.

Befreie mich doch vom Aufbegehren
der quälenden bösen Geister
in der Lust meines Fleisches
und schenke mir den vollkommenen Sieg!
Meine Seele frohlocke im Leib,
weil er ihr ewigen Lohn erwirkt.

Gebet um Heilung

Ach, woher bin ich nur gekommen,
und was tue ich jetzt?
Mit klagender Stimme seufze ich,
weil ich mein Wissen um dich, o Gott,
mit dem Schmutz der Sünde vermischte.

Erbarme dich meiner, o Herr,
mit Sünden befleckte ich meine Seele!
Heile die Striemen meiner Wunden,
da ich ja gegen dich sündigte.

Lehre mich mehr und mehr, mein Gott,
heilige, gute Taten zu wirken,
daß meine ganz verwirrte Seele
Heilung durch dich erfahre.

Sehnsucht

Im Himmel ist meine Heimat,
begegne ich auch den Geschöpfen;
Gottes Liebe ist meine Lust,
den Turm der Sehnsucht will ich errichten.

Was du, Gott, willst, das will ich tun.
Mit den Flügeln des guten Willens
fliege ich über des Himmels Gestirne,
um deinen Willen zu tun.

Nichts mehr bleibt mir zu suchen, zu wünschen,
ich sehne mich nur noch nach Heiligem.

Laß mich, o Gott, dein Saitenspiel
und Zitherklang deiner Liebe sein!

Heimsuchung

Mein Gott, ich rufe dich an
in bitterer Reue, mit Herzenswunden:
Heile mich, gütiger Vater,
suche barmherzig mich heim,
denn mein Gott bist du ja.

Von deiner Gnade geleitet
erkenne ich dich in deinen Werken.
Dich suche ich in der Einfalt des Herzens
und schreie weinend nach dir.

Du wohnst in der Kraft meiner Seele;
der Leib muß büßen für meine Sünden.
Das Auge der Reue erkennt
die Sinnlosigkeit meiner bösen Taten.
Nun aber nimm mich auf!

In Gottes Kraft

O du mein Gott, ich unwürdiger Mensch
vermag ohne deine Hilfe
meinen Entschluß nicht zu halten,
vor dir jungfräulich zu leben.
In Sünde empfangen, geboren,
kann ich aus eigener Kraft
die fleischliche Lust nicht bezwingen.

Gib mir darum die feurige Gabe,
die Glut zu löschen in deiner Kraft,
daß ich mit rechtem Verlangen
trinke vom Quell des Lebens,
der mir die Freude verleiht.

Denn ich bin ja nur modernde Asche,
die auf die Werke der Finsternis blickt
und nicht auf die Werke des Lichts.

Im Heiligen Geist

O Gott, Allerhöchster,
zu deinem Lob
weihe ich meine Gelübde dir,
denn ich vermag ja nichts ohne dich,
verwiesen auf meine eigene Kraft.

Nur die Gnade des Heiligen Geistes
kann mich dazu befähigen,
die du in mir entfachst.

Heilende Wunden

Warum nur bin ich so sehr betrübt
und verwirrt in der Seele,
da ich doch durch die Gnade Gottes
mit Seufzen und Tränen die Sündenwunden
zu tilgen imstande wäre?

Durch die Verwundungen dein, mein Herr,
der du Nägel und Lanze
für meine Sünden erduldet hast,
hoffe ich auf Erlösung.

Erlösung

Erlöst durch das Blut des Gotteslammes
laßt uns von ganzem Herzen frohlocken,
uns freuen aus ganzer Seele in dir,
dreifaltiger Gott, der uns erhält.
Wir wollen gedenken des himmlischen Lohns
für alle Leiden und Nöte,
die uns die Feinde der Wahrheit bereitet.
Sie gelten uns nichts
im Vergleich zu der Freude,
mit der wir deine Gebote verkosten.
Wer die Werke der Heiligkeit wirkt,
umfängt dich in wahrer, vollkomm'ner Liebe;
den Liebenden gibst du ja alle Güter
und schenkst ihnen schließlich
das ewige Leben.

Von Gott berührt

Was ist nur mit mir?
Ich kenne nichts Gutes
und weiß auch darauf nicht zu sinnen.

Ich Sünder – weh mir, was soll ich tun?
Ich weiß nicht und kann mir nicht denken,
was jetzt mit mir geschehen soll
wegen meiner so zahlreichen Sünden.

Ach, wohin soll ich mich wenden,
zu wem wohl um Hilfe eilen,
um zu bedecken die schändlichen Sünden
und in der Reue zu tilgen?

Einkehren will ich in mein Herz,
mich bekehren in wahrer Reue
zu dir, Gott, der meine Wunden berührte.

Vom Schlafe des Todes erwacht,
will ich nicht weiter sündigen
in Gedanken, Worten und Werken.

Erlösende Reue

Warum bin ich geboren
zu solchen großen Vergehen?
Mit meiner Seele sündigte ich
gegen dich, meinen Gott.

Zu dir seufze ich auf,
der sich gewürdigt hat,
anzunehmen Adams Gestalt
aus der Jungfrau.

So vertraue ich fest darauf,
daß du mich nicht verachtest,
sondern von meinen Sünden befreist.

Durch deiner heiligen Menschheit Antlitz
nimm mich in Gnaden nun auf,
denn ich bereue von Herzen.

Leben nach dem Tod

Ein glückliches Leben möchte ich haben
in der Ruhe der Ewigkeit.
Schon in den Tagen der Lebensblüte,
da ich zur Heiligkeit wachse und reife,
will ich gedenken meines Schöpfers
in guten und heiligen Werken.

Es kommt ja die Zeit, da Fleisch und Blut
abnehmen bis auf die Knochen.
Die Asche des Leibes zerfällt in den Staub
der Erde, aus der ich geschaffen;
in anderes Leben geht sie dann über.

Der Geist, der meinen Körper belebte,
wird ihn verlassen und kehrt zurück
zum Herrn der Schöpfung, der ihn aus Gnade
meinem Leibe verliehen.

Du, Schöpfer, bist wie ein Schmied,
der mit dem Blasbalg das Feuer entfacht,
sein Werkstück nach allen Seiten dreht,
um sein Werk zu vollenden.

Wenn ich, von guten Taten geleitet,
zur ewigen Freude heimgefunden,
laß mich das reinste Licht erblicken.
Laß mich der Engel Lieder hören
und das ersehnte Gewand des Leibes,
dessen ich mich entkleidet,
wiedererhalten zu meiner Freude.

Siegreich in Gott

Mein Schöpfer und Herr, du bist meine Stärke,
ohne dich kann ich nichts Gutes tun,
denn ich lebe durch deinen Geist.
Er ist es, der in Bewegung mich setzt,
mich meine Wege erkennen läßt.

Anrufen will ich dich, Gott und Herr,
laß mich laufen den Weg der Gebote,
wie der Hirsch zu der Quelle eilt.

Führ' mich hinaus über irdisch' Begehren
auf die Höhen der Kraft und des Sieges.
Gelangt zur himmlischen Seligkeit,
will ich dir unermüdlich lobsingen.

Liebe

Belehre mich
mit dem Hauch des Heiligen Geistes,
daß reines Wasser
aus mir sich ergieße,
Tränen entströmen
dem Seufzen nach guten Taten,
und Wohlgeruch dufte
aus heiligen Werken.
Am Tag will ich wirken
die Tugend des Gleichmuts
und salben des Nachts
alle Schmerzen.

Seligkeit

Zu dir rufe ich, o mein Gott,
und ich erhalte Antwort von dir.
Ich bitte, und deine Güte
schenkt mir, was ich begehre;
ich finde bei dir, was ich suche.

Erfüllt von Ehrfurcht und Freude
schlag' ich die Zither vor dir, meinem Gott,
denn ich richte auf dich all mein Tun.
All meine Hoffnung setz' ich auf dich
und ruhe selig in deinem Schoß.

Bitte um Vergebung

Du, dessen Macht alles untersteht,
schau auf das Blut, das vergossen ward
für das ganze Menschengeschlecht,
und vergib uns unsere Schuld.

Wir sind Kinder der Übertretung
und hätten sie dir bezahlen müssen.
Aus der Verkehrtheit unseres Herzens
haben wir dies unterlassen.
Das Taufversprechen hielten wir nicht,
übertraten deine Gebote
und warfen unsere Unschuld weg.

Doch du bist gütig; strafe uns nicht
nach unserer großen Bosheit,
sondern erlasse uns liebevoll
unsere Übertretung,
haben wir doch aus Liebe,
in Furcht vor unserm Erlöser,
von ganzem Herzen das Unrecht vergeben,
das man uns angetan.

Sei uns nun gnädig, o Gott,
der du gerecht bist und gut!

Hoffnung

O gütiger Vater, schone der Sünder!
Du hast die Verbannten nicht verlassen,
sondern auf deine Schultern gehoben.
Auch wir werden nicht zugrunde gehen,
da wir auf dich uns're Hoffnung setzen.

Verherrlichung

Laßt uns loben den Herrn, unsern Gott,
denn er hat sich an uns verherrlicht,
weil wir in seinem Namen siegten.

Unsere Stärke gereicht ihm zum Ruhm,
tragen wir doch den Sieg davon
über seine und unsere Feinde,
weil wir die Treue ihm halten
und stets glauben an ihn.

Himmlisches Glück

Wenn ich mit offenen Augen betrachte,
was du, mein Gott, geschaffen hast,
besitze ich hier schon den Himmel.

Ruhig sammele ich im Schoß
Rosen und Lilien und alles Grün,
während ich deine Werke preise.

Dir schreibe ich meine Werke zu.
Freude entspringt der Traurigkeit,
und die Freude macht glücklich.

Heiligkeit

Ich rufe zu dir, o Gott:
Was nottut zum Leben, das gib mir!
Gute Pläne hast du mit mir,
sehen darf ich dich und erkennen.

Mein gutes Gewissen erspürt dich, mein Gott;
ich schlage die Zither des Gebets,
wenn ich in Anbetung dich erkenne.
Gegürtet mit der Enthaltsamkeit,
erblühe ich in Glückseligkeit.

Vollbringe, o Gott, deine Werke
mit der Streitschar Christi, des Königs,
die ich zum Kampfe führe.

Wahrer Glaube

Auf die Ermahnung des Heiligen Geistes
woll'n wir in aufrichtiger Gesinnung
uns nahen der höchsten Glückseligkeit,
das Gute mit friedlichem Herzen beginnen
und vollenden in Frömmigkeit.

Im Frieden entbrenne die Bruderliebe,
sie ahme, o Gott, deine Güte nach
und schaue auf das Bedürfnis der Menschen.
So vollende sich einfach und rein
unseres Herzens wahrer Glaube.

Lob und Bitte

Lob sei dir, Christus, König der Engel!
Wer bist du, o Gott, der im Herzen
diesen großen Ratschluß getragen,
der vereitelt des Teufels List
in den Zöllnern und in den Sündern,
die in der Güte des Vaters nun leuchten?

Daher sei Lob dir, o König!

O allmächtiger Vater du!
Aus dir fließt ein Quell in feuriger Glut.
Führ' übers Wasser die Söhne dein
im günstigen Wind für die Segel
zur himmlischen Stadt Jerusalem!

Liedtexte

Der rettende Name

O mächtiger Vater,
wir sind jetzt in großer Not,
drum flehen wir,
flehen dich an durch dein Wort,
durch das du uns alles in Fülle gewährst,
was wir zu unserem Leben brauchen:
Blicke nun, Vater,
wie es deinem Namen entspricht,
nieder auf uns und hilf uns,
daß wir nicht ganz zugrunde geh'n
und dein Name in uns nicht verdunkelt werde.
Würdige dich, uns zu Hilfe zu kommen
durch diesen deinen heiligen Namen!

Schöpfer und Erlöser

O Urkraft der Ewigkeit,
in deinem Herzen
hast du das Universum geordnet.
Du schufst durch dein Wort das All,
wie du wolltest.
Und dieses dein Wort zog Fleisch an
in jener Gestalt,
wie sie von Adam her stammte.
So ward genommen von seinem Gewand
das schwere Leid.

Wie groß ist doch deine Güte, o Heiland!
Du hast durch die Menschwerdung
alles befreit.
Aus Gottes Odem wurdest du Mensch
ohne die Fessel der Sünde.

Ehre dir, Vater, und deinem Sohn
mit dem Heiligen Geiste.

So ward genommen von seinem Gewand
das schwere Leid.

Der gute Hirt

O Hirte der Seelen,
o erstes Wort,
durch das wir alle erschaffen sind,
möge es dir, ja möge es dir gefallen,
uns zu befreien aus unserm Elend
und von uns'rer Gebrechlichkeit.

Zum Heil bestimmt

O ewiger Gott, bewirke an uns
durch die Glut deiner Liebe,
daß wir zu jenen Gliedern werden,
die du mit gleicher Liebe geschaffen,
mit der du deinen eigenen Sohn
gezeugt hast im ersten Morgenrot,
vor deiner ganzen Schöpfung.

Blick' auf die Not, die über uns kam;
befrei' uns um deines Sohnes willen
und führe uns zu der Freude des Heils.

Vater und Sohn

O du herrlicher Vater!
Wir eilen in glühendem Eifer zu dir,
wir seufzen nach dir in liebender Reue,
die wir von dir empfingen.

O Christus, so herrlich und überaus schön,
du bist die Auferstehung zum Leben.
Hilf uns, beharrlich zu bleiben,
um mit dir uns zu freuen.
Laß uns doch niemals getrennt sein von dir!

Blut Christi

O Bluttat, die zum Himmel schrie,
da alle Elemente vor Entsetzen
in Aufruhr klagend brachen aus,
weil ihres Schöpfers Blut sie hat berührt:

O lindere du unsere Gebrechen!

LVMCERA: SPSDIFEREBATS
PO MI
SIENCIEBONI: FIATLVMINARIA

Heiligung

O Feuer des Röstergeistes,
Leben des Lebens aller Geschöpfe!

Heilig bist du,
du belebst die Gebilde.
Heilig bist du,
du reinigst die schwärenden Wunden.
Heilig bist du,
du salbst die gefährlich Verletzten,
Hauch aller Heiligkeit, Feuer der Liebe,
süßes Verkosten unserer Brust,
Wohlduft der Tugenden senkest du ein
in die Herzen.

Lauterer Quell, in dem wir erschauen,
wie Gott die Verirrten sammelt
und sucht die Verlor'nen.

O Schutzwehr des Lebens,
du Hoffnung der Glieder auf Einheit,
o Gürtel der sittlichen Würde,
heile die Heiligen!

Beschirm, die der Feind hält gefangen,
mach frei, die da liegen in Fesseln;
die göttliche Kraft will sie retten.

Du mächtiger Weg, der alles durchzieht
in Höhen, auf Erden, in allen Tiefen,
du fügest und schließest ja alles in eins.

Durch dich wogen Wolken
und fliegen die Lüfte,
träufeln die Steine
und Bäche entströmen den Quellen,
läßt sprossen die Erde das Grün.

Du bringst auch stets Menschen
voll Einsicht hervor,
beglückt durch den Odem der Weisheit.

Und darum sei Lob dir,
du Stimme des Lobes,
du Freude des Lebens,
du Hoffnung und mächtiger Ruhm,
weil du die Gaben des Lichtes verleihst.

Belebender Geist

Heiliger Geist,
du belebendes Leben,
Dynamik des Alls und Wurzel der Schöpfung,
reinige deine Schöpfung vom Schmutz,
tilge die Schuld und salbe die Wunden.

O strahlendes Leben, des Lobes wert,
erwecke und wiedererwecke das All!

Im Feuer des Geistes

O Feuergeist, Lob sei dir!
Die Herzen der Menschen erglühen von dir,
die Zelte der Seelen,
sie sammeln die Kräfte.
Der Wille steigt auf
und erfüllet die Seele mit Lust,
die Sehnsucht,
sie brennt ihr als Leuchte.

Doch immer führst du das Schwert
und schneidest ab,
was schädliche Frucht
durch boshaften Mord erzeugt,
wenn Nebel das Wollen und Wünschen umdunkelt.

Der Geist aber nimmt in Zucht
das Wollen und Wünschen.
Doch reckt sich empor der Geist und begehrt,
dem Bösen ins Auge,
der Bosheit ins Antlitz zu schau'n,
verbrennst du ihn schnell im Feuer,
wie du es willst.

Neigt die Vernunft sich durch böse Taten
zur Tiefe hinab,
du hältst sie im Zaum, wenn du willst,
und du brichst sie,
und führst sie zurück
durch der Prüfungen Einfluß.

Zückt gar das Böse sein Schwert gegen dich,
du stößt es zurück ihm ins eigene Herz,
wie du es tatest beim ersten gefallenen Engel,
als du den Turm seines Hochmuts
hinabwarfst zur Hölle.

Aus Zöllnern und Sündern
hast du einen anderen Turm erbaut,
da ihre Sünden und Taten
sie vor dir bekennen.

Drum preisen dich alle Geschöpfe,
die leben aus dir,
denn du bist die überaus kostbare Salbe
für die gebrochenen Glieder
und eiternden Wunden,
die du verwandelst in kostbares Edelgestein.

Nun sammle uns alle in Gnaden zu dir
und führe uns auf den rechten Weg.

Amen.

Dreifaltiges Leben

Lob dir, Dreifaltigkeit,
Klang und Leben bist du.

Dich loben die Scharen der Engel,
du wunderbarer, geheimer Glanz;
verborgen den Menschen,
bist du in allem das Leben.

Lob der Weisheit

O Kraft der Weisheit,
du zogst deine Kreise,
umfingst das All
auf dem einzigen Weg,
welcher zum Leben führt.

Drei Kräfte hast du
gleich Flügeln:
Zur Höhe empor
schwingt sich kraftvoll der eine;
von der Erde her
müht sich der zweite;
überall hin aber
schwingt sich der dritte.

Gebührendes Lob sei dir, Weisheit!

Maria, die neue Schöpfung

O funkelnde Gemme! Der Sonne lautere Zier
ergoß sich als sprudelnder Quell des Lebens
in dich aus dem Herzen des Vaters.
Er schuf durch dieses sein einziges Wort
das Urelement der Erde,
das Eva verdarb.

In dir hat der Vater dies Wort
zum Menschen geformt;
der leuchtende Urstoff bist du deshalb,
durch den das Wort
aller Tugenden Kräfte im Hauch entsandte,
wie jeden Geschöpfes Gestalt es
zum Dasein erweckte.

Erwählung

O liebliches Reis voller Grünkraft
am Stamme Jesse,
welch großes Geschehen:
Wie auf die Sonne
sein Auge heftet der Adler,
so wirft ihren Blick
auf die Schönste der Frauen
die Gottheit,
als dich der Vater vom Himmel,
o Jungfrau,
in deiner Lauterkeit sah
und Fleisch werden sollte
sein Wort in dir.

Erleuchtet ward dein jungfräuliches Herz
durch Gottes Geheimnis auf mystische Weise;
und wunderbar ging eine lichte Blume
aus dir, o Jungfrau, hervor.

Ehre sei Gott dem Vater,
dem Sohn und dem Heiligen Geiste!

Gottesgebärerin

Gegrüßet seist du, Maria,
Urheberin des Lebens;
du hast das Heil wieder aufgebaut,
den Tod überwunden,
die Schlange zertreten,
nach der sich Eva,
von Stolz gebläht,
erhobenen Hauptes ausgestreckt.

Du hast sie zertreten, da du gebarst
den Gottessohn, durch den Heiligen Geist
dir eingehaucht. – Sei gegrüßt,
du süße, du liebevolle Mutter!
Du hast der Welt deinen Sohn geboren,
vom Himmel gesandt, dir eingehaucht
durch Gottes Heiligen Geist.

Mittlerin

O herrliche Mutter heiliger Heilkunst,
du hast durch deinen heiligen Sohn
Öl gegossen in herbe Wunden des Todes,
die Eva zur Qual der Seelen verursacht.

Vernichtet hast du den Tod
und das Leben erbaut;
bitte für uns bei deinem Sohn,
du Stern des Meeres, Maria!

O lebensspendende Mittlerin,
festlicher Schmuck
und köstlichste aller Freuden,
die niemals ans Ende kommen in dir!

Bitte für uns, Maria!

An Maria

Sei gegrüßt, o grünendes Reis voller Lebenskraft!
Im Geisteswehen und Forschen heiliger Männer
bist du ans Licht getreten.
Die Zeit kam, da du in deinen Zweigen blühtest.
Gegrüßet seist du, gegrüßt!

Sonnenglut trat wie Balsamduft aus dir hervor,
denn in dir war die schöne Blume erblüht,
die den welken Gewürzen Duft verlieh.
So prangten sie alle in sattem Grün.

Die Himmel schenkten dem Grase Tau,
die ganze Erde ward fruchtbar
und Korn brachte jetzt ihr Schoß hervor.
Es nisteten auf ihr die Vögel des Himmels.

So fanden die Menschen ihre Nahrung
und groß war die Freude der Tischgenossen.

Drum fehlt es dir nicht an Freude,
o milde Jungfrau.
Dies alles hat Eva verachtet.

Doch nun sei gelobt der Allerhöchste!

AVE MARIA GRACIA PLEN

Marienlob

Gruß sei dir, o Jungfrau!
Du strömest über von Herrlichkeit,
du heile Schöpfung.

Gruß sei dir, Augenstern der Keuschheit,
Urgrund aller Heiligkeit,
Gottes Wohlgefallen.

Denn die Kraft des Höchsten
strömte in dich ein,
weil Gottes Wort
in dir sich kleidete
mit dem Gewand des Fleisches.

Strahlend weiß bist du
gleich einer Lilie,
weil Gott dir schon
vor aller Kreatur
ins Antlitz schaute.

O Schönheit, Liebreiz ohnegleichen,
an dir hat Gott
sich so entzückt,
daß tief in dich er senkte
Feuer, Glut, zärtliche Liebe.

So nahm der Sohn
aus dir die Nahrung.

Da jauchzte auf dein Leib,
als Symphonie des Himmels
aus dir klang,
weil du, o Jungfrau,
trugst den Sohn des Vaters.

Die Keuschheit dein
ist Herrlichkeit
in Gott.

Dein Schoß frohlockte
wie das Gras,
auf das der Tau sich senkt
und ihm die frische Grünkraft schenkt.

So war es auch in dir,
o Mutter aller Freude.

Nun steige auf die Morgenröte,
Freude für die ganze Kirche.
Es rausche auf gleich einer Symphonie
dein Lob, o Jungfrau, Gottesmutter –
voll der Liebe.

Maria, unsere Hoffnung

O grünendes Reis
in deinem Adel stehest du da,
und wie Morgenrot
steigst du empor.

Freue dich nun und juble!
Befreie uns schwache Menschen
von der schlechten Gewohnheit
und reiche uns deine Hand,
um uns vom Boden aufzurichten.

Jungfräuliche Gottesmutter

O Reis, Diadem zum Purpur des Königs,
verschlossen ruhst du wie in einer Schutzwehr.
Du grünst und blühst auf andere Weise
als Adam, der Vater des Menschengeschlechts.

Gegrüßet seist du, gegrüßt!
Neues Leben entsprang deinem Schoß,
da Adam des Lebens beraubte die Kinder.

O Blume, nicht Tau noch Regentropfen
haben dich sprießen lassen;
auch wehte der Wind nicht über dich hin,
sondern die göttliche Herrlichkeit
hat dich am edelsten Reis gezeugt.

O Reis, deine Blüte hat Gott
geschaut schon am ersten Schöpfungstage.
Aus seinem Wort, o lobwürd'ge Jungfrau,
schuf er das goldene Urelement.

Wie stark ist die Seite des Mannes in ihrer Kraft!
Aus ihr erschuf Gott die Gestalt der Frau,
die er zum Spiegelbild seiner Schönheit
und zur Umarmung der ganzen Schöpfung
gebildet.

Deshalb ertönen die himmlischen Harfen
und staunt darüber die ganze Erde,
wie sehr dich doch Gott geliebt hat –
sei gelobt, o Maria!

Ach, wie müßte man klagen und trauern
daß das so traurige Vergehen
über die Frau kam durch Schlangenlist!
Zur Mutter aller von Gott bestimmt,
verletzt' sie ihr Herz mit der Unkenntnis Wunden
und brachte den Nachkommen großes Leid.

Doch aus dem Schoß dein, o Morgenrot,
ging die neue Sonne hervor,
welche die Sünden Evas tilgte
und noch mehr Segen durch dich bewirkte,
als Eva den Menschen geschadet hatte.

Darum, o Retterin, die geboren
dem Menschengeschlecht das neue Licht,
sammle die Glieder deines Sohnes
zu der himmlischen Harmonie!

Maria, die Prophetin

Wenn wir unglückseligen Menschen,
beschämt von Geschlecht zu Geschlecht,
zu Fall kommen auf dem Pilgerweg,
rufst du uns zu mit prophetischer Stimme
und richtest uns auf vom schlimmen Sturz.

Lob sei dir, o Maria!

Im Licht der Engelchöre

O ihr herrlichen Engel, lebendiges Licht!
Im dunklen Geheimnis jeglicher Kreatur
schaut vor dem Thron der Gottheit ihr
in brennender Sehnsucht die Augen Gottes;
nie könnt ihr davon gesättigt werden.
Welch herrliche Freuden birgt eure Natur,
die unberührt blieb von jener Untat,
wie sie sich erstmals erhoben hat
in euerm Gefährten, dem Engel, der fiel.
Fliegen wollte er über die Zinne,
die im Inneren Gottes verborgen;
qualvoll verrenkt versank er in Trümmer.
Dem Geschöpfe des göttlichen Fingers
lieh er mit listigem Rat seines Falles Werkzeug.

Doch ihr, o Engel, Hüter der Völker,
deren Natur euer Antlitz strahlt wider,
o Erzengel, die ihr empfangt der Gerechten
Seelen,
ihr Kräfte, Gewalten und Fürstentümer,
ihr Herrschaften und ihr Throne,
vereint im Geheimnis der Fünfzahl,
o Cherubim, Seraphim,
Siegel auf die Mysterien Gottes,
gepriesen seid ihr! Ihr schaut am Quell
des Ewigen Herzens Gelaß;
denn wie von Auge zu Auge
seht ihr das Herz des Vaters
ausatmen seine innere Kraft.

Vermählung

O Jungfrau Kirche, ach welcher Schmerz,
daß dir auf listigen Rat der Schlange
der wilde Wolf von der Seite riß
deine geliebten Kinder.

Aber wie kostbar ist des Erlösers Blut,
der unterm Siegesbanner des Kreuzes
sich mit der Kirche vermählte
und ihre Kinder zurückgewann!

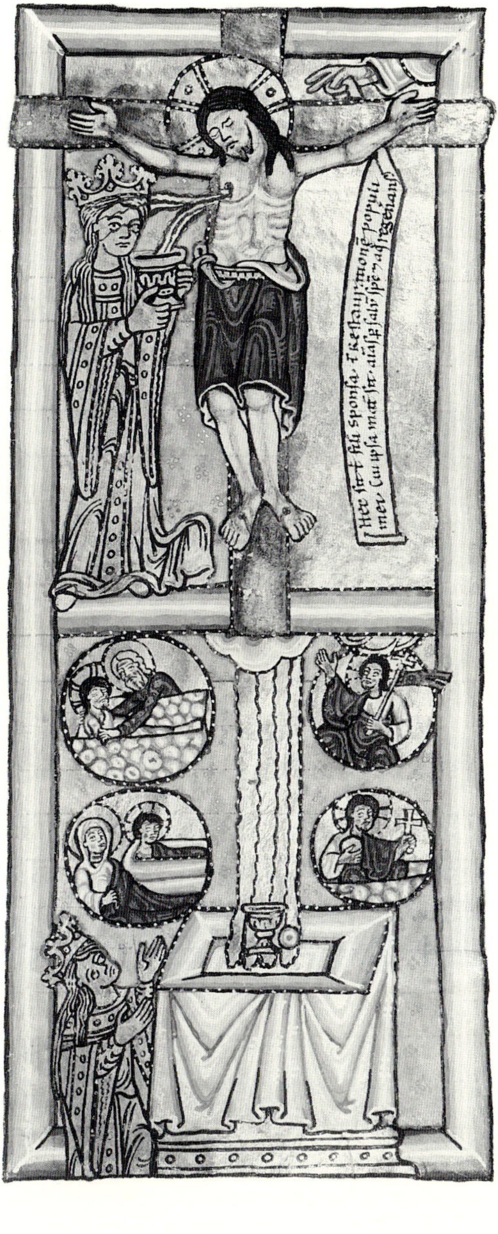

Mutter Kirche

Freue dich nun aus tiefstem Herzen,
o Mutter Kirche, denn deine Kinder
sind jetzt in heiliger Einmütigkeit
versammelt in deinem Schoß.

Aber du, o schmähliche Schlange,
bist nun beschämt, weil deine Beute,
die du verschlungen zu haben wähntest,
im Blute des Gottessohns jetzt erstrahlt.

Deshalb sei Lob dir, o höchster König:
Alleluja!

me oportet
et pa
cipere.
rere

Zuvorkommende Gnade

O Freude über Freude,
daß du, mein Gott so wirkst:
dem Ahnungslosen schenkst du deine Gnade.
Ein Kind versteht den Flug des Großen nicht,
doch du gabst ihm als Kind schon seine Flügel.

An dem, der selber sich nicht kennt,
hast du dein Wohlgefallen;
denn seine Stimme ruft zu dir:
O Gott, mein Gott, der mich erschuf,
all meine Werke, sie sind dein!

Die ganze Kirche freue sich!

Lied der Jungfrauen

O zärtlich Liebender, der uns umfängt,
bewahre uns in der Jungfräulichkeit!
Weh uns, aus Staub und Adams Fall
sind wir hervorgegangen!
Schwer ist's für uns, zu widerstehen
dem Genusse des Apfels.
Richte uns auf, o Erlöser, Christus!

Wir sehnen uns sehr, dir nachzufolgen,
doch uns Elenden fällt es nicht leicht,
dich, den König der Engel,
makellos, ohne Schuld,
aufrichtig nachzuahmen.

Doch wir vertrauen auf dich:
Den Edelstein willst du im Staube suchen.
Wir rufen dich an als Bräutigam, Tröster
und unsern Erlöser am Kreuz.

In deinem Blute dir bräutlich verbunden,
suchten wir dich, o Gottessohn,
einzig allein als Gemahl.
O Schönster, voll Freude und köstlichem Duft,
wir seufzen ständig nach dir
in der beklagenswerten Verbannung.

Wann schauen wir dich in dieser Welt,
der du in unserer Seele wohnst?
In unserem Herzen umarmen wir dich,
als wärest du gegenwärtig.

Du starker Löwe zerrissest den Himmel
und stiegst herab in den Schoß der Jungfrau.
Als Todesbesieger hast du gebracht
das Leben in die goldene Stadt;
laß uns nun wohnen in ihr! – und in dir,
geliebter Bräutigam, bleiben.
Dem Rachen des Teufels hast du uns entrissen,
der unsern ersten Ahnen verführte.

Die goldene Stadt

Jerusalem, du gold'ne Stadt,
geziert mit Königspurpur!
O Bauwerk väterlicher Güte,
du Licht, das niemals dunkelt,
du strahlst im Morgenrot
und in der Glut der Sonne.

Die Fenster dein, Jerusalem,
sind wunderbar geschmückt mit Topas und Saphir.
Jerusalem, dein Fundament
hat man errichtet aus verworf'nen Steinen –
aus Zöllnern und aus Sündern,
die einst verlor'ne Schafe waren.
Doch dann – von Gottes Sohn gefunden –
sind sie zu dir geeilt und wurden eingefügt.

So blitzen deine Mauern von lebendigem Gestein,
das durch den großen Eifer guten Willens
dahinflog wie Gewölk am Himmel.
Wie Rotgold schimmern, o Jerusalem,
die Türme dein und glänzen
vom Rot und Weiß der Heiligen
und Gottes großer Herrlichkeit,
die dich, Jerusalem, erfüllt.

O ihr geschmückten und gekrönten
Bewohner von Jerusalem,
zu Hilfe eilt uns Knechten Gottes!
Wir müh'n uns ab in der Verbannung.

Gebet Christi

Im Anfang grünten alle Geschöpfe,
es blühten die Blumen zur Mitte der Zeit;
dann aber verdorrte die Lebenskraft.

Du aber, Vater, schau her auf mich,
in dem du dich widerspiegelst!
Erschöpfung befällt mich an meinem Leib,
meine Kleinen erliegen
der menschlichen Schwäche.
Gedenke, o Vater! Des Ursprungs Hoffnung
hätte nicht welken sollen;
noch ist nicht voll die goldene Zahl!

Damals war es doch nicht deine Absicht,
jemals dein Auge abzuwenden,
bis von Edelsteinen geschmückt
du meinen Leib erblicktest.

Um meiner verspotteten Glieder willen
verfalle ich der Ermattung.
Vater, sieh her,
ich zeige dir meine Wunden!

Es schmerzt mich, daß meine Glieder
von mir weichen und hören
auf den Sohn des Verderbens.
Dennoch hole ich wieder heim,
die unter ihnen gefallen sind.

Vater, ich bin ja dein Sohn!
Sieh mit der Liebe her auf mich,
mit der du mich sandtest in die Welt.
Betrachte die Wunden,
durch die ich die Menschen
nach deinem Auftrag erlöste.
Erbarme dich ihrer und lasse nicht zu,
daß aus dem Buche des Lebens
ausgetilgt werde ihr Name!

Durch das Blut meiner Wunden
hole sie in der Reue
wieder zu dir zurück.

Ihr Menschen alle, beugt jetzt die Knie
vor euerm Vater, damit er euch
reichen kann seine hilfreiche Hand!

Reihenfolge der Gebetsworte

Reihenfolge der Liedtexte

Verzeichnis der Bildtafeln

43 Erschaffung Adams, Detail aus dem Nordportal der Kathedrale von Chartres, 13. Jh., © Belzeaux-Zodiaque, La Pierre-Qui-Vire (Yonne), France

45 Schöpfung der Welt, Miniatur aus der Bible moralisée, Mitte 13. Jh., Holle Bildarchiv, Augsburg

47 Rad der Fortuna, Miniatur aus den »Carmina Burana«, Benediktbeurer Liederhandschrift, clm 4660, Bayerische Staatsbibliothek, München, Anfang 13. Jh.

52 Die menschliche Seele in der Bedrängnis, Detail aus der Miniatur »Die Seele und ihr Zelt«, Rupertsberger Kodex, Rheinisches Bildarchiv, Köln

55 »Der Allherrscher«, Miniatur aus dem Rupertsberger Kodex, Rheinisches Bildarchiv, Köln

57 Ecclesia, Detail aus dem sogenannten Aegidius-Sarkophag, Perugia, um 350/380

61 Jakobs Traum von der Himmelsleiter, Kupferstichkabinett Berlin-Dahlem, Miniaturmalerei, um 1160, Holle Bildarchiv, Augsburg

65 König, Detail eines Reliefs aus der Kathedrale von Autun, 12. Jh., © Belzeaux-Zodiaque, La Pierre-Qui-Vire (Yonne), France

67 Zug der Getauften zur kelchspendenden Ecclesia, Miniaturmalerei, Msc. Bibl. 22, fol. 4v, Bamberger Staatsbibliothek, Anfang 11. Jh.

69 Eva, Detail aus dem Türsturz der Kathedrale von Autun, Musée Rolin, drittes Viertel 12. Jh., © Belzeaux-Zodiaque, La Pierre-Qui-Vire (Yonne), France

71 Befreiung der Armen Seelen aus der Vorhölle, Miniatur aus dem sogenannten Landgrafen-Psalter, Württembergische Staatsbibliothek, Stuttgart, um 1211/1213

73 Kapitell mit dem Leben des Matthäus (Detail), Franziskanerkloster, Nazaret, um 1187

75 Maiestas Domini, Miniatur aus dem Godescalc-Evangelistar, Bibliothèque Nationale, Paris, um 781/783, Holle Bildarchiv, Augsburg

79 Psalmodierender David, Miniaturmalerei aus der sogenannten Viviansbibel, Bibliothèque Nationale, Paris, von 846, Holle Bildarchiv, Augsburg

83 Die segnende Hand Gottes, Detail aus einem Mosaik in San Marco, Venedig, 11. Jh.

85 Kruzifix, Privatbesitz, Ende 13. Jh.

87 Anbetung des Lammes, Miniatur aus der sogenannten Bamberger Apokalypse, Msc. Bibl. 140, fol. 34v, Bamberger Staatsbibliothek, vor 1020

91 Erzengel Michael, Detail einer Ikone, Byzantinisches Museum, Athen, 14 Jh.

95 Johannes an der Brust Christi, Skulpturengalerie, Staatliche Museen Preußischer Kulturbesitz, Berlin, Oberschwaben, um 1320, © Bildarchiv Preußischer Kulturbesitz, Berlin 1991

99 Christus in der Mandorla, Detail aus dem Altar von Avenas/Rhône, drittes Viertel 12. Jh.

102/103 Leiter der klösterlichen Tugenden und himmlische Heerscharen, Detail von der Außenmalerei der Kirche in Sucevitsa, um 1600

111 Schöpfung der Welt, Detail einer Miniaturmalerei der Bibel von Souvigny, Ende 12. Jh., Holle Bildarchiv, Augsburg

113 Der gute Hirte, Lateranmuseum, Rom, um 360, Holle Bildarchiv, Augsburg

117 Kruzifix, Detail aus der Kreuzigungsgruppe vom Lettner des Naumburger Doms, um 1260

118/ Der Geist Gottes, Detail aus dem Mosaik in der
119 Vorhalle von San Marco, Venedig, 11. Jh., Foto: Helmut Nils-Loose, Grenoble

123 Der Lebensbrunnen, Miniatur aus dem sogenannten Evangeliar von Soissons, Bibliothèque Nationale, Paris, um 800, Holle Bildarchiv, Augsburg

127 »Die wahre Dreiheit in der wahren Einheit«, Miniatur aus dem Rupertsberger Kodex, Rheinisches Bildarchiv, Köln

129 Maria bei der Himmelfahrt Christi (Detail), Santo Domingo de Silos, 11. Jh., Foto: Jean Dieuzaide, ars liturgica Kunstverlag, D-5471 Maria Laach Nr. 1123

133 Gottesgebärerin, Detail aus der Kuppelmalerei in Woronets, um 1550

135 Muttergottes mit Kind, St. Maria im Kapitol, Köln, erste Hälfte 12. Jh.

137 Verkündigung an Maria, Kölner Schule, Wallraf-Richartz-Museum, Köln, um 1320/1325, Holle Bildarchiv, Augsburg

140 »Herzende Muttergottes« (Kardiotissa), Detail einer Ikone aus dem 17. Jh., Byzantinisches Museum, Athen, Foto: Lothar Heiser, Münster

145 Thronende Muttergottes, Kölner Werkstatt, Kloster Hoven bei Euskirchen, um 1160

147 »Die Chöre der Engel«, Miniatur aus dem Rupertsberger Kodex, Rheinisches Bildarchiv, Köln

149 »Das Opfer Christi und der Kirche«, Miniatur aus dem Rupertsberger Kodex, Rheinisches Bildarchiv, Köln

151 Die Mutter Kirche, Detail einer Miniatur aus dem Rupertsberger Kodex, Rheinisches Bildarchiv, Köln

153 Isaak und Abraham, Detail aus dem mittleren Nordportal der Kathedrale von Chartres, um 1200/1210

156/157 Die Klugen Jungfrauen, Detail vom rechten Westportal des Straßburger Münsters, um 1275

159 Das Neue Jerusalem, Miniatur aus der sogenannten Bamberger Apokalypse, Msc. Bibl. 140, fol. 55r, Bamberger Staatsbibliothek, vor 1020

Textquellen

Corpus Christianorum Continuatio Mediaevalis 43, 43 A

Turnholti: Brepols, 1978 – Textkritische Edition von Adelgundis Führkötter OSB und Angela Carlevaris OSB.

Migne, J. P.: Patrologia Latina, tom. 197. Paris 1882.

Pitra, J. B.: Analecta sacra, tom. VIII – Sanctae Hildegardis Opera. Monte Cassino 1882.

Hildegard von Bingen, Lieder. Nach den Handschriften herausgegeben von Pudentiana Barth OSB, M. Immaculata Ritscher OSB und Joseph Schmidt-Görg. Salzburg 1969.

Scivias, übersetzt und herausgegeben von Walburga Storch OSB, Augsburg 1990.

Ordo Virtutum – Reigen der Tugenden. Herausgegeben von der Abtei St. Hildegard-Eibingen. Berlin 1927.

Abkürzungen für die Werke Hildegards

Scivias = »Wisse die Wege« (3 Teile mit 6, 7 und 13 Visionen, die jeweils in längere oder kürzere Kapitel unterteilt sind)

LDO = Liber Divinorum Operum = »Welt und Mensch«

LVM = Liber Vitae Meritorum = »Der Mensch in der Verantwortung«

Inhalt